Josef Kramarczik

Festrede am Geburtstage Sr. Majesät des Königs Friedrich Wilhelm IV:

am 15. October 1857

Josef Kramarczik

Festrede am Geburtstage Sr. Majesät des Königs Friedrich Wilhelm IV:
am 15. October 1857

ISBN/EAN: 9783337321277

Hergestellt in Europa, USA, Kanada, Australien, Japan

Cover: Foto ©Thomas Meinert / pixelio.de

Weitere Bücher finden Sie auf **www.hansebooks.com**

Programm

des

Königl. kathol. Gymnasiums zu Heiligenstadt

für das Jahr 1860,

enthaltend:

1. Fest-Rede des Directors über die Majestät und ihre Attribute, gehalten am 15. October 1858;
2. Schulnachrichten,

womit

zur Prüfung aller Klassen

den 3. und 4. October c.

und

zur Austheilung der Prämien und zur Entlassung der Abiturienten

Nachmittags den 5. October

ergebenst einladet

Joseph Kramarczik,

Director des Gymnasiums.

Heiligenstadt.

Gedruckt bei C. Brünn & Sohn.

Festrede

am Geburtstage Sr. Majestät des Königs

Friedrich Wilhelm IV.

Am 15ten October 1857.

Hochgeehrte Versammlung!

Der Geburtstag Seiner Majestät unsers Allergnädigsten Königs und Herrn, an welchem aus den Herzen von Millionen treuer Unterthanen fromme Gebete und innige Wünsche für Sein Glück und Heil zum Himmel emporsteigen, vereinigt auch die Lehrer und Schüler des Königlichen Gymnasiums zu öffentlicher und feierlicher Kundgebung ihrer treuen Anhänglichkeit an den geliebten Vater des Vaterlandes, dessen weiser und huldvoller Fürsorge diese Bildungsanstalt Fortdauer und Gedeihen verdankt. Denn die Segnungen des Friedens, welcher durch die versöhnlichen Bestrebungen unseres Königs in bedrohlichen Zeitläuften erhalten worden ist, sie haben sich auch auf unsre Anstalt verbreitet. Die Wiederherstellung der Zucht und Ordnung des Staats ist auch in unserm kleinen Kreise nicht ohne Einfluß gewesen. Die landesübliche Pflege der Wissenschaften und Künste, die Förderung des Wohlstandes ihrer Vertreter erstreckt sich bis zu den fernsten Grenzen des großen Reichs, soweit der preußische Adler seine mächtigen Schwingen ausbreitet. Wie die Sonne aus unermeßlicher Höhe ihre erquickenden Strahlen auf den niedrigen Grashalm nicht minder, als auf hohe Wipfel schlanker Bäume herabsendet, so werden von dem hehren Glanze der strahlenden Krone eines mächtigen Herschers auf den verschiedensten Stufen der Gesellschaft alle Staatsangehörigen beleuchtet. Darin besteht ja die hohe Ehre und der reiche Gewinn, einem großen Staate anzugehören, daß an Ruhm und Sieg, an glorreichen Erinnerungen und frohen Hoffnungen, an Bildung und Wohlstand, an den Wirkungen einer weitreichenden Thatkraft jedem Staatsbürger ein angemessener Antheil zufällt. Die Berechtigung zu allen einzelnen und vereinten Bestrebungen im Staate ist in näherer oder entfernterer Beziehung ein Ausfluß der höchsten Regierungsgewalt, sie sichert denselben nächst Gott, auf die wirksamste Weise Bestand, Fortgang und Gedeihen. Diese Einsicht die studirende Jugend frühzeitig gewinnen zu lassen, ihr davon eine begründete Ueberzeugung zu verschaffen, ist eine hochwichtige Aufgabe des Lehrers, deren Vernachläßigung oder Verkennung schon öfters politische Verwirrung und bedauerliche Abirrung vom Pfade des Rechts in ihrem Gefolge gehabt hat. Denn so treffend der Ausspruch Baco's ist, daß oberflächliches Studium der Philosophie von Gott abführt: ebenso begründet scheint mir die Ansicht zu sein, daß oberflächliche Kenntniß des Alterthums dem Staatswohl nachtheilig werden könne, gründliche Kenntniß aber demselben förderlich sei. Es schien mir daher der hohen Bedeutung des heutigen Tages angemessen, in stetem Hinblick auf die Vorstellungen und Satzungen des griechischen und römischen Alterthums von der Majestät und ihren Attributen zu sprechen. — Das Wort ist bekanntlich der Sprache der Römer entlehnt, welche sich bei ihrem Untergange noch durch Vererbung ihrer Grundsätze der Staatsverwaltung und des Rechts eine lange Nachwirkung sicherten. Es ist aber in Deutschland und in den auf den Ruinen des alten Römerthums gegründeten Staaten als Titel von Kaisern und Königen erst 3 Jahrhunderte, seit dem Vorgange Kaiser Karls des Fünften, gebräuchlich. In neuer, wie in alter Zeit bezeichnet es im Wesentlichen die höchste Würde und Staatsgewalt. In den griechischen Freistaaten und bei den Römern in der Zeit der Könige und der Republik besaß dieselbe das Volk. Jedoch wurde bei den Letztern die vom Volke den höchsten Beamten übertragene Regierungsgewalt auch Majestät genannt. Das spartanische Volk aber und das athenische wie das römische Volk ist in viel beschränkterem Sinne zu verstehen, als das preußische. Alle, welche die Ehre haben, dem preußischen Staate und Volke anzugehören, sind persönlich frei und vor dem Gesetze gleich. Im spartanischen Staate waren nur die ins Land eingedrungenen Dorier, die Spartiaten Staatsbürger, die alten Einwohner des Landes aber behielten entweder nur ihre persönliche Freiheit, ohne jedoch an der Staatsverwaltung Theil nehmen zu dürfen, oder geriethen in Knechtschaft. Auch in Attika erfreute sich der geringste Theil der Bevölkerung staatsbürgerlicher Berechtigung; die Schutzverwandten waren von jedem Antheil an der Staatsverwaltung ausgeschlossen und die Sclaven ihren Herren unterthan. In Rom galt der Sclave als Sache und Besitz des Herrn, der ihn foltern und tödten konnte, wenn er wollte. Die Sclavenkinder gehörten dem Herrn, Eigenthum besaß der Sclave ohne Zulassung des Herrn rechtlich nicht, selbst ein persönlicher Name war ihm versagt. Wie ihn der Herr rief, so hieß er, nie wurde einem der Name eines freien Bürgers beigelegt, was doch in Athen gestattet war. Römisches Recht gebot in dem Falle, wenn ein Sclave seinen Herrn ermordet hatte, alle Sclaven des Ermordeten, Männer und Frauen, Greise und Kinder, hinzurichten. Diesem Recht sind im J. 61 n. Chr. 400 Sclaven zum Opfer gefallen, obwohl das von Mitleid bewegte Volk der Hinrichtung sich zu widersetzen drohte. Aber Senatsbeschluß, Verordnung des Kaisers und Truppenaufstellung sicherten die Vollziehung der Todesstrafe. —

Wenden wir uns ab von dem schrecklichen Beispiel römischer Härte, welche zur Sicherung des Lebens der berechtigten Minderheit der Landesbewohner geboten schien, und entschlagen wir uns gänzlich aller banalen Phrasen von Freiheit und Gleichheit der alten Griechen und Römer, wie sie seit der Zeit der französischen Revolution gäng und gebe geworden sind, wo man als Freiheitshelden den Mörder Cäsar's, M. Junius Brutus pries, denselben, der seine Capitalien zu 48 pCt. anzulegen wußte und zur Eintreibung seiner Forderungen die Amtsgewalt seines Freundes Cicero, des Statthalters in Cilicien, zu dessen nicht geringem Verdruß in Anspruch nahm.

Ehe ich nun zu den Rechten und Auszeichnungen der höchsten Gewalthaber übergehe, glaube ich zunächst von dem höhern Ursprunge der Majestät, dann von der gesetzlichen Berechtigung zu dieser Würde sprechen zu müssen.

In den Gedichten Homers wird die Erhabenheit der königlichen Würde von göttlicher Abstammung oder Vollmacht abgeleitet. Die Könige jener alten Zeit gelten meistentheils als Abkömmlinge des Zeus oder anderer Götter, sie stehen jedenfalls unter der besonderen Obhut und Fürsorge des olympischen Götterkönigs, welcher als Ordner und Beherrscher der Welt der höchste Wächter der Staatsordnung und Sittlichkeit war und auf Erden die Könige einsetzte und beschirmte, weshalb sie Zeusentflammte hießen. Wie jene Heroen, so beteten und opferten die spartanischen und römischen Könige für die Gesammtheit und nach der Zeit der Königsherrschaft behielten Athener und Römer Opferkönige bei. Das ganze Staats- und Rechtswesen, ja alle Verrichtungen des gewöhnlichen Lebens dachten sich die Griechen und Römer von dem Willen und der Macht der Götter durchaus abhängig, was die Eröffnung jeder Versammlung des Volkes oder des Rathes mit Gebet und Opfer und die religiöse Weihe jeder Unternehmung genugsam beweist. Uns Christen belehrt darüber, daß alle Gewalt von oben, von dem Herrn, unserm Gott, durch den die Könige herrschen, komme, unter andern Stellen der h. Schrift das 13. Capitel des Römerbriefes, dessen Anfang also lautet: „Jedermann unterwerfe sich der obrigkeitlichen Gewalt, denn es giebt keine Gewalt außer von Gott, und die, welche besteht, ist von Gott angeordnet.“ Die christlichen Herrscher nennen sich daher alter, frommer Sitte gemäß, von Gottes Gnaden Kaiser oder Könige, oder welchen Titel sie immer führen mögen.

Die Thronfolge ist in jedem Lande durch besondere Gesetze geregelt. In unserm Vaterlande ist die Krone, den königlichen Hausgesetzen gemäß, in dem Mannesstamm erblich nach dem Rechte der Erstgeburt und der agnatischen Linealfolge. Bei den Spartanern folgte nicht jedesmal der erstgeborene, sondern der während der Regierung des Vaters zuerst geborene Sohn. Nach demselben Grundsatze folgte in Persien Xerxes seinem Vater Darius, auch des zweiten Darius Gemahlin bemühte sich diesen Grundsatz zu Gunsten ihres zweiten Sohnes Cyrus geltend zu machen, aber vergebens. In Rom folgte dem Kaiser sein Sohn, oder den er an Kindes Statt annahm. Die Bestätigung oder Wahl stand dem Senat zu.

Die Ausübung der höchsten Gewalt, von welcher nunmehr die Rede sein soll, richtet sich nach innen und außen. Als eins der wichtigsten Hoheitsrechte galt zu jeder Zeit die Gesetzgebung, welche alle Kreise des Staats- und Privatlebens durchdringt und ihnen Kraft und Leben verleihen, aber auch den Lebensnerv derselben durchschneiden kann. Gleichwohl wird Niemand die Nothwendigkeit und Heilsamkeit der Gesetze verkennen, welche Ordnung und Ruhe, Freiheit und Unverletzlichkeit, Handel und Wandel, Leben und Eigenthum, so weit menschliche Kraft reicht, sichern und schirmen. Die Griechen vertrauten in außerordentlichen Fällen einzelnen weisen Männern das einflußreiche Geschäft der Gesetzgebung an, einem Lykurg, Solon, Zaleucus und Charondas. Mit Einsicht und strenger Selbstbeherrschung ordneten sie die Verhältnisse der Staaten, welchen sie angehörten. Aber die Geschichte meldet auch von gesetzgebenden Versammlungen, welche in schwierigen Zeiten die gestörte oder bedrohte Ordnung des Staates wieder herstellen sollten, die Gewalt aber mehr liebten, als das Recht. Wer denkt nicht, ehe ich die Worte ausspreche, an die dreißig Tyrannen in Athen, an die Zehnmänner in Rom, an die constituirende, die legislative Versammlung und den Convent in Paris, an die Nationalversammlungen in Wien, Berlin und Frankfurt. Doch sehen wir ab von den Ausnahmen, um zur Feststellung der Regel bei ruhigem Verlauf der Dinge zu gelangen. In Sparta, Athen und Rom hatte das Volk als die souveraine Macht die gesetzgebende Gewalt. In allen drei Staaten ging aber dem Beschlusse des Volkes eine Berathung voran, welche in Sparta dem Rath der Alten, in Athen seit Solon dem Rath der Vierhundert und seit Klisthenes dem Rath der Fünfhundert und in Rom dem Senat gesetzlich zustand. In Sparta und Rom waren nur die höchsten Magistratspersonen und Volkstribunen befugt, einen Antrag zu stellen, in Athen außer den Obrigkeiten auch andere Bürger. Die Berufung der Volksversammlung und der Vorsitz in derselben war auch da nur Beamten gestattet. Eine Debatte fand in Sparta gar nicht Statt, in Rom in beschränkterem Maaße als in Athen. In unserm Vaterlande wird die gesetzgebende Gewalt gemeinschaftlich durch den König, das Herrenhaus und das Haus der Abgeordneten ausgeübt. Der König befiehlt die Verkündigung der Gesetze und erläßt die zu deren Ausführung nöthigen Verordnungen. Die Vorsitzenden werden in beiden Häusern von den Abgeordneten gewählt. Anträge stellen die Minister im Auftrage des Königs oder Abgeordnete. Jene müssen auf ihr Verlangen zu jeder Zeit gehört werden, wie die vorsitzenden Magistrate in Rom im Senate die Abstimmung der Senatoren unterbrechen durften. Die Minister haben nur als Mitglieder eines Hauses Stimmrecht, sämmtliche Beamte zu Rom enthielten sich im Senate der Abstimmung, weil die höhern Magistrate gegen ihre Collegen und niedere Beamte, die Volkstribunen gegen alle einschreiten durften.

Die Diener der Gesetze sind die Regierungsbeamten, die Ausleger derselben sind die Richter, wie Cicero sagt. Die Regierungsbeamten im weitern Sinne des Worts sind die Arme und Mittler der vollziehenden Gewalt, die sich wesentlich durch die Wahl und Ernennung der Beamten bethätigt. In Sparta, in Athen und in Rom bis zur Kaiserzeit wählte das Volk seine Beamten, wobei in Sparta und Rom der Vorschlag des Staatsraths wie bei der Gesetzgebung, wenn auch nicht gleichmäßig, in Anwendung kam. In Athen gab es erloofte und gewählte Beamte verschiedener Art. Die mannigfachen Erforderniße der Abstimmung, · des Alters, Vermögens und der Befähigung übergehe ich und bemerke nur, daß alle verantwortlich und rechenschaftspflichtig waren mit Ausnahme der Volkstribunen, deren Verhältniß ganz eigenthümlicher Art war. Die Wahl der römischen Beamten ging in der Kaiserzeit vom Volke auf den Kaiser und Senat über, die Versammlung des Volks zu diesem Zweck war seit Tiberius eine rein formelle, blieb aber bis in das 3. Jahrhundert in Uebung. Die vollziehende Gewalt steht in Preußen dem Könige allein zu. Er ernennt die Minister, welche durch Gegenzeichnung die Verantwortlichkeit für die Regierungsacte des Königs übernehmen.

Die richterliche Gewalt, das dritte Hoheitsrecht, übte das spartanische Volk nur in dem Falle, wenn über streitiges Recht der Thronfolge entschieden werden sollte; in peinlichen Fällen richtete der Rath der Alten, dessen freisprechendes Urtheil die Angeklagten nicht vor Erneuerung der gerichtlichen Untersuchung und Verurtheilung schützte. Die Könige entschieden, wie der erste Archont in Athen, über streitige Familien- und Erbrechte, andere Rechtshändel schlichteten die Ephoren und die übrigen Magistrate. Die Seltenheit der Klagen über gestörten Besitz und Erwerb erklärt sich durch die eigenthümliche Verfassung und die einfache Sitte der Landesbewohner. Weit mehr entwickelt zeigt sich das Rechtswesen der Athener, deren Volks- gerichte eine fast unbegrenzte Competenz hatten. 6000, wenigstens 30 Jahr alte Bürger wurden durch's Loos als Richter bestellt und in 10 Abtheilungen zu 500 Mann geschieden, so daß tausend Ersatzmänner übrig blieben. Jenen wurden Privat- und öffentliche Rechtsfälle zur Entscheidung vorgelegt, sie urtheilten auch über Gesetzwidrigkeiten und Uebertretungen der Verwaltungsbeamten, und selbst Volksbeschlüsse konnten durch Berufung auf sie hintertrieben und aufgehoben werden. Von ihrem Ausspruch fand keine Berufung Statt, jedoch gab es Rechtsmittel, ein erschlichenes ungerechtes Urtheil anzugreifen. In außerordentlichen Fällen saß auch die Volksversammlung d. h. die Gesammtzahl der Bürger, welche über 30 Jahr alt waren, zu Gericht. Auch in Rom saß das Volk über gewisse schwere Verbrechen zu Gericht oder stand vielmehr, wie bei politischen Versammlungen. Als das römische Reich sich vergrößerte und die Verbrechen sich häuften, wurden für einige Kategorien Gerichts-Commissionen delegirt, denen Prätoren präsidirten. Unter den Kaisern ging die Jurisdiction des Volkes auf den Senat über, der auch in nicht peinlichen Fällen exi- mirter Gerichtshof für die Senatoren und ihre Familienmitglieder wurde. In Preußen wird die richterliche Gewalt im Namen des Königs durch unabhängige, nur dem Gesetz unterworfene Gerichte ausgeübt, und die Urtheile werden im Namen des Königs ausgefertigt, verkündigt und vollstreckt. Der König hat das Recht der Begnadigung und Strafmilderung, welches den Volksgerichten fast ganz fremd war, wenn man nicht etwa die Amnestie nach der Herrschaft der dreißig Tyrannen in Athen und die Nachahmung derselben in Rom nach dem Tode Cäsars dafür gelten lassen will.

Das Münzrecht ist stets von der höchsten Gewalt im Staate ausgeübt worden. In Griechenland ließ zuerst Pheidon, König der Argiver um die Mitte des 7. Jahrhunderts vor Christo, Geld auf der Insel Regina prägen. Alle unabhängigen Städte des gedachten Landes setzten eigene Münzen in Umlauf, die unterworfenen durften nur mit Erlaubniß ihrer Gebieter und unter beschränkenden Bedingungen jenes Recht ausüben. Die Könige Macedoniens und die Nachfolger Alexanders in den Reichen Europa's, Asiens und Afrika's ließen ihre Bildnisse auf die Münzen setzen. Die Römer begnügten sich 485 Jahre lang mit Kupfermünzen, seit dem Jahre 269 ließen sie silberne prägen und 63 Jahre später setzten sie auch goldene in Umlauf. Die Münzen wurden in der Zeit des Freistaats auf Geheiß des Senats geprägt. Derselbe gestattete, Bildnisse verstorbener Personen auf Familienmünzen zu setzen. Julius Cäsar war der Erste, dessen Bild bei seinen Lebzeiten geprägtes Geld auszeichnete. Ihm folgten alle Kaiser Roms, von denen jeder bald nach seinem Regierungs-Antritt Münzen prägen ließ; daher sind solche auch von den Kaisern auf uns gekommen, die nur kurze Zeit regierten. Daß in unsern Tagen, wie seit vielen Jahr-hunderten alle Regenten Europa's, Preußen's König das Münzrecht nach Maaßgabe des Gesetzes ausübt, ist allgemein bekannt.

Unserm König steht herkömmlich und verfassungsmäßig auch die Verleihung von Orden und Auszeich-nungen zu. Die Ausübung dieses Hoheitsrechtes bietet zwar weniger reichhaltigen Stoff zur Vergleichung mit Verhältnissen des Alterthums, als die bisher besprochenen Vorrechte; man darf aber nicht annehmen, daß in den Staaten des Alterthums Verdienste tüchtiger Bürger nicht durch äußere Auszeichnungen belohnt und anerkannt, und daß solche selten verliehen oder von den Inhabern gering geschätzt worden seien. Kränze mannigfaltiger Art, Ehrensitze, öffentliche Speisung, Triumphe, Statuen, Ehrennamen und manche andere Auszeichnungen werden von griechischen und lateinischen Schriftstellern oft erwähnt. Feldherrn und Staats-männer, einfache Bürger und gemeine Soldaten legten bei Volksfesten, Schauspielen, Aufzügen ihren Schmuck an und rühmten sich desselben zu ihrer Empfehlung oder Vertheidigung. Der Antrag auf Bekrän-zung des Demosthenes hat einen Prozeß, der acht Jahre geschwebt haben soll, und einen Wettstreit der beiden berühmtesten Redner Griechenlands veranlaßt, zu dem viele Menschen vom Festlande und von den Inseln in Athen zusammen strömten.

Die Beziehungen zu fremden Staaten sind in der neuern Zeit mannigfaltiger, mehr geordnet und gesittet, als im Alterthum, welches ursprünglich jeden Fremden im Frieden wie im Kriege als Feind be-trachtete, und nur allmählig zu Schonung und Achtung der Ausländer überging. Männer und Knaben niederzumetzeln, Frauen in die Sclaverei zu schleppen, alle beweglichen Güter zu rauben und Städte in Brand zu stecken, war alter Kriegsgebrauch, der nur durch religiöse Satzungen und den eignen Vortheil der Sieger gemildert wurde. Ich will jedoch nur von den Zeiten sprechen, in welchen auf Kriege Friedens-schlüsse folgten und Handelsverbindungen den Verkehr erleichterten und sicherten. Hiermit habe ich die drei wichtigſten Beziehungen der Staatsgewalt zum Auslande angedeutet, welche in Betracht gezogen werden ſollen. In Sparta führten die Könige den Oberbefehl im Kriege, jedoch nicht ausſchließlich, und bisweilen mit Einſchränkungen. In Athen ſtand dem ſouveränen Volk die Befugniß zu, den Krieg zu erklären, die Feldherrn zu ernennen, die Rüſtungen anzuordnen, die nöthigen Geldmittel anzuweiſen und die Berichte der Feldherrn zu prüfen. Auch in Rom wurden bis zur Kaiſerzeit Beſchlüſſe über Krieg in der Volksver= ſammlung gefaßt und bisweilen über die Wahlen eines Feldherrn entſchieden, gewöhnlich aber führten die Conſuln oder Dictatoren den Oberbefehl. Auguſtus erlangte, indem ſeine Amtsbefugniſſe gehäuft und auf Lebenszeit ausgedehnt wurden, nach und nach die höchſte militairiſche wie civile Gewalt. In Preußen, deſſen Herrſcher und Prinzen ihre Tapferkeit in glorreichen Schlachten bewährt haben, iſt der König Kriegsherr im weiteſten Sinne des Wortes. Er hat das Recht, Krieg zu erklären, er führt den Oberbefehl über das Heer und beſetzt alle Stellen im Heere.

Die Friedensſchlüſſe ſtanden in Sparta und Athen dem Volke zu, in Rom dagegen gehörten ſie dem Wirkungskreiſe des Senats an, deſſen Beſchluß wenigſtens maaßgebend war, wenn auch das Volk ihn zu genehmigen hatte. In Preußen ſchließt der König Frieden, Bündniſſe und Verträge aus eigner Macht= vollkommenheit, letztere unter Mitwirkung der beiden berathenden Häuſer, ſofern es Handelsverträge ſind, oder dadurch dem Staate Laſten, oder einzelnen Staatsbürgern Verpflichtungen auferlegt werden. Daß die Vermittelung der Verträge mit fremden Staaten durch Geſandte geſchehen muß und auch im Alterthume geſchah, bedarf keiner Nachweiſung. Die Aufträge und Vollmachten wurden von denſelben Gewalten er= theilt, welche zu Friedensſchlüſſen berechtigten. Redner eigneten ſich zu ſolchen Sendungen vorzüglich, daher wurden bei den Römern, im Mittelalter und in der neuern Zeit, bis die franzöſiſche Sprache bei den Diplomaten Eingang fand, Geſandte Redner genannt. Die Sitten und Gebräuche bei ſolchen Sendungen, die Ehrenrechte und die Pflichten derſelben wechſelten nach den Zeiten und Umſtänden ſo ſehr, daß ich die Geduld der verehrten Zuhörer ermüden würde, wenn ich darauf weiter eingehen wollte.

Die vorzüglichſten Inſignien oder äußern Zeichen höchſter Gewalt und Würde waren in alter Zeit und ſind auch jetzt: Krone, Scepter und Thron, welche nach dem Sprachgebrauch auf die Herrſchermacht ſelbſt übertragen werden. Jene drei Wörter ſtammen aus Griechenland, ſind uns aber von den Römern über= kommen. Krone iſt ein erhabener Ausdruck für Kranz, der bei Griechen und Römern allgemein als Symbol der Hoheit, des Sieges, der Freude galt. Bekränzt wurden die Bildniſſe der Götter, bekränzt zogen die ſpar= taniſchen Könige an der Spitze des Heeres in den Krieg und Kampf; bekränzt verrichteten Magiſtratsperſonen und Rathsherrn ihre Amtsgeſchäfte, einen Myrtenkranz ſetzte ſich in Athen der Redner auf das Haupt, bekränzt feierten ſiegreiche Feldherrn in Rom ihren Triumph. Durch das Vorrecht, ſtets einen Lorbeerkranz tragen zu dürfen, ward der ſiegreiche C. Julius Cäſar ausgezeichnet. Im 5. Jahrhundert wurden zwar den Feldherren Eurybiades und Themiſtokles nach der Schlacht bei Salamis nur Kränze von Olivenzweigen in Sparta zuerkannt, im folgenden Jahrhundert aber ist die Verleihung von goldenen Kränzen schon üblich. Solchen Hauptschmucks entbehrten natürlich die reichen Könige in Asien und Afrika und die Kaiser in Rom nicht. Sie wurden in mannigfachen Formen Zierden der abendländischen und morgenländischen Herrscher. – Das Scepter wird von Homer dem höchsten Gotte und König, dem Zeus, den irdischen Königen, den Richtern und Priestern beigelegt. Agamemnons Scepter war von Pelops vererbt, der es durch Hermes von Zeus zum Geschenk erhalten hatte. In der vorrömischen Zeit prangt der König Latinus mit einem Scepter; einen scepterartigen Stab von Elfenbein trugen die triumphirenden Feldherrn und die Kaiser Roms. – Der Thron war bei den Griechen ein hoher Stuhl mit einem Schemel für die Füße. Auf einem solchen thronte der von Gold und Elfenbein gefertigte Zeus des Phidias zu Olympia. Tragiker und Geschichtsschreiber sprechen von den Thronen als Ehrensitzen der Götter und Könige. Der dem griechischen Worte entsprechende lateinische Ausdruck (solium) bezeichnet den Ehrensitz des Familienvaters, welcher in seinem Hause Majestätsrechte übte und die Todesstrafe über Frau und Kind gesetzlich verhängen durfte; ferner den Stuhl, von welchem der Rechtskundige einen Clienten Bescheid ertheilte, und den erhabenen Sitz des Königs.

Die Gewalten und Ehren, von denen ich geredet, sind in unserm Staate vor 18 Jahren den königlichen Hausgesetzen gemäß, durch Gottes Gnade dem hochsinnigen Königssohn, dessen Geburtstag wir heute feiern, zu Theil geworden. Ihm, dem Allerdurchlauchtigsten, sind wir Ehrfurcht, Treue und Gehorsam schuldig. Als freiwilligen Tribut wollen wir dem Vater des Vaterlandes, dem gerechten Herrscher, dem Beförderer der Wissenschaften und Künste in frischem, ungeschwächtem Andenken an die Wohlthaten und Segnungen seiner gewissenhaften Regierung unsern Dank und unsere Liebe weihen.

Schulnachrichten
von Michaelis 1859 bis Michaelis 1860.

————◆◆∗◆◆————

I. Lehrverfassung.

Prima.

Ordinarius: Director Kramarczik.

Religionslehre. a) katholische. (W.) Sittenlehre. Brief an die Epheser. 2 St.
(S.) Sittenlehre und theilweise Wiederholung der Glaubenslehre. Brief an die Philipper.
2 St.
Burchard.
b) evangelische. (W.) Kirchengeschichte von der Reformation bis zur neuern Zeit.
Apostelgeschichte Cap. VIII—XII.
(S.) Glaubenslehre: Einleitung. Von der Religion; der 1. Artikel: von der Schöpfung.
Deutsch. (W.) Poetik mit literar-historischer Uebersicht. 1 St. Stil- und Vortragsübungen; Lektüre
aus Bone's Lesebuch und Göthe's Hermann und Dorothea. 2 St.
(S.) Die wichtigeren Lehren der Rhetorik. 1 St. Stil- und Vortragsübungen sowie Erklä-
rung von Lessing's Nathan und Schiller's Don Carlos. 2 St.
Lateinisch. (W.) Hor. Od. III., 1—26. und Cic. ep. nach Süpfle. 4. Abschn. 5 St. Grammatik
nach F. Schulz §. 319—334. und Extemporalien. 1 St. Uebungen im Uebersetzen in's Lateinische
nach Teipel's Anleitung, alle 14 Tage eine Disputation. 1 St. Stilübungen und Controle der
Privatlektüre. 1 St.
(S.) Cic. de or. lib. I und Hor. Od. III. 27—30. und IV. in 5 St. Grammatik nach
Schulz §. 335—379. Stilübungen und Controle der Privatlektüre. 3 St.
Der Ordinarius.
Griechisch. (W.) Hom. Jl. 16 und 17. 2 St. Kramarczik. Plat. Menex. u. Jon. 2 St. Lehre
vom Adverbialobjecte und Syntax des zusammengesetzten Satzes bis zum Adjectivsatze nach
Kühner §. 314—333. Mündliche Uebersetzungsübungen in's Griechische nach Franke's Aufgaben
(3. Cursus) und Exercitien. 2 St.
Peters.
(S.) Soph. Antig. 2 St. Kramarczik. Dem. Phil. I. u. II. 2 St. Lehre vom
Adjectiv, Adverbial- und Fragesatze, Kühner §§. 333. bis zu Ende. Uebersetzen in's Griechische
nach Franke's 3. Cursus, Correctur der Exercitien. 2 St.
Peters.

1

Franzöſiſch. (W.) Die Athalie von Racine, nach der Ausgabe von Schwalb. Extemporalien, Exercitien, freie Aufſätze, Grammatik und Sprechübungen. 2 St.

(S.) Histoire de Jeanne d'Arc von Barante, die 2te Hälfte; ſchriftliche und mündliche Uebungen wie im Winterſemeſter. 2 St.

Geſchichte und Geographie. (W.) Geſchichte des Mittelalters nach Pütz. 3 St.

(S.) Neuere Geſchichte bis zum weſtphäliſchen Frieden, mit Rückſicht auf den Schauplatz der Begebenheiten. 3 St. Gaßmann.

Mathematik. (W.) Goniometrie und Trigonometrie; geometriſche, algebraiſche und trigonometriſche Löſung von Aufgaben. Stereometrie und trigonometriſche Berechnung ſtereometriſcher Gebilde. Wöchentlich eine ſchriftliche Ausgabe. 4 St.

(S.) Progreſſionen und ihre Anwendung auf Zins-Zins- und Rentenrechnung; arithmetiſche Reihen höherer Ordnung und insbeſondere die figurirten Zahlen. Combinatoriſche Operationen; der binomiſche Lehrſatz. Wöchentlich eine ſchriftliche Arbeit. 4 St. Behlau.

Phyſik. (W.) Einleitung und allgemeine Eigenſchaften der Körper im Allgemeinen. Mechaniſche Erſcheinungen feſter Körper. 2 St.

(S.) Mechaniſche Erſcheinungen luftförmiger und tropfbarflüſſiger Körper. Vom Schall. 2 St. Behlau.

Zeichnen in Verbindung mit Secunda. 2 St. Hunold.

Themata zu den deutſchen und lateiniſchen Aufſätzen.

a) Deutſche:

1) Ueber den Ausſpruch: Der größte Feind des Guten iſt das Beſſere. 2) Der Troſt des Armen. Geſpräch nach Uhland's Lied eines Armen. 3) Der Vater und der Sohn in Göthe's Hermann und Dorothea. 4) Ueber den Plan des Scipio, den puniſchen Krieg durch eine Landung in Afrika zur Entſcheidung zu bringen. Liv. 28, 40–44. 5) Wie ſchildert Homer den Charakter des Patroklus. 6) Welche Mittel hielt Horaz für geeignet, dem Sittenverfall ſeiner Zeit Einhalt zu thun und eine beſſere Zukunft vorzubereiten? 7) Ueber den Einfluß der Einſamkeit auf die Bildung des Geiſtes und die Veredlung des Herzens. 8) Der Werth des Menſchen entſpricht genau dem Werth ſeines feſten Entſchluſſes. 9) Jeder Freund iſt des andern Sonne und Sonnenblume zugleich, er zieht und folgt. 10) Vorwärts! aber auf dem Wege des Rechts, der Wahrheit und der Religion.

b. Lateiniſche:

1) De utilitate ac necessitate continuandi hiemando belli Vejentis. 2) Quae acta sint de domo Ciceronis exponatur. 3) De Q. Ciceronis administratione Asiae provinciae. 4) Nulla magna civitas quiescere potest. 5) Pietas fundamentum est omnium virtutum. 6) Quid est, cur plures in omnibus artibus quam in dicendo admirabiles exstiterint? 7) Unius viri virtute saepe omnem reipublicae salutem niti exemplis ab antiquitatis memoria petitis probetur. 8) Oratoriam facultatem non natura modo neque exercitatione confici, verum etiam artificio quodam comparari probetur. 9) Romanos Cannensi calamitate accepta majores animos habuisse quam unquam in rebus secundis probetur.

3

Aufgaben zu den Prüfungsarbeiten der Abiturienten.

In der Religionslehre: 1) Wie lautet die kirchliche Lehre über den Sündenfall der ersten Menschen und welche Folgen hatte derselbe für das erste Menschenpaar und seine Nachkommen? 2) Wie heißen die 3 Hauptarten des Gebetes und welches sind die Erfordernisse eines wahren Gebetes?

Im Deutschen: Welche Eigenschaften sind es vornehmlich, durch welche sich Schiller unsere Achtung und Liebe erworben hat?

Im Lateinischen: Quibus rebus factum est, ut Philippus, Macedonum rex, Athenienses imperio suo subiiceret?

In der Mathematik: 1) $\sqrt{2x+7} + \sqrt{3x-18} = \sqrt{7x+1}$.

2) In ein gegebenes Viereck einen Rhombus zu zeichnen, dessen Seiten den Diagonalen des Vierecks parallel laufen.

3) Von einem Dreieck ist gegeben eine Seite c, die Summe der beiden andern Seiten s und der von diesen beiden Seiten eingeschlossene Winkel γ. Die übrigen Stücke sollen berechnet werden, wenn s=50, c=40, γ=93° 41' 42, 8'' ist.

4) Die Höhe eines geraden Kegels beträgt 8 Fuß, und der Winkel an der Spitze seines Achsenschnitts hält 28° 48'. Man suche den körperlichen Inhalt jenes Kugelsektors, von welchem der gegebene Kegel ein Ergänzungsstück bildet.

Secunda.

Ordinarius: Oberlehrer Burchard.

Religionslehre. a) katholische. (W.) Sittenlehre. Evangelium des h. Johannes. 2 St. (S.) Sittenlehre. Evangelium des h. Johannes zu Ende. 2 St. Burchard. b) evangelische. S. Prima.

Deutsch. (W.) Erklärung von poetischen und prosaischen Stücken aus Bone's Lesebuch 2. Thl. Vortragsübungen in Verbindung mit Prima. Alle 4 Wochen eine schriftliche Arbeit. 2 St. (S.) Lektüre und Erklärung einzelner Abschnitte der Messiade aus Bone's Lesebuch. — Schriftliche Arbeiten. 2 St. Burchard.

Lateinisch. (W.) Liv. lib. XXII. c. 1—52. 4 St. Virg. Aen. lib. III. 2 St. Kasuslehre bis zum Ablativ nach der latein. Grammatik von Schulz. 2 St. Censur der wöchentlichen Exercicien und der lateinischen Aufsätze. 1 St. Mündliche Uebersetzungsübungen in's Lateinische nach Seipel's Anleitung. 1 St. Controle der Privatlektüre: Caes. de bello Gall. lib. IV. u. V. 1 St.

(S.) Cic. or. pro Q. Ligario u. pro rege Dejot. 4 St. Virg. Aen. lib. IV. 2 St. Beendigung der Casuslehre, syntaktische Eigenthümlichkeiten im Gebrauche der Adj. u. Pron. u. Lehre von den Temporibus. 2 St. Censur der schriftlichen Arbeiten und mündliche Uebersetzungsübungen in's Lateinische. 2 St. Controle der Privatlektüre: Sall. de bello Jug. 1 St.
Bis Weihnachten Waldmann, dann Peters.

Griechisch. (W.) Hom. Od. XIV. und XV. Xenoph. hist. Gr. II. u. III. 4 St. Grammatik nach Buttmann §. 134—139. Alle 14 Tage ein Exercitium. 1 St.

1*

(G.) Hom. Od. XV. u. XVI. Herod. VI. 4 St. Franke's Aufgaben III. u. IV. 1 St. Grammatik nach Buttmann §. 139—147. Exercitia. 1 St.

Französisch. (W.) Charlemagne. 1 St. Grammatik nach Plötz 2. Cursus. Alle 14 Tage ein Exercitium. 1 St.

(G.) Charlemagne. 1 St. Grammatik nach Plötz. Exercitia. 1 St. Burchard.

Geschichte und Geographie. (W.) Geschichte des römischen Kaiserreichs. Geographie und Geschichte der asiatischen und afrikanischen Länder und Völker, Geographie von Griechenland und Geschichte der Griechen bis zum Jahre 1104, nach Pütz. 3 St.

(G.) Fortsetzung der griechischen Geschichte bis 338 und Ueberblick über die Cultur der Griechen 3 St. Peters.

Mathematik. (W.) Von der Gleichheit der Figuren. Von den Verhältnissen der Linien und der Figuren. Einiges über harmonische Strahlen. Wöchentlich eine schriftliche Aufgabe. 4 St.

(G.) Quadratische Gleichungen; Beispiele aus den algebraischen Berechnungen geometrischer Figuren. Repetition der Potenzen mit ganzen positiven und negativen Exponenten. Von den Wurzelgrößen und imaginären Größen. Logarithmen und logarithmische Gleichungen. Gebrauch der Vega'schen Logarithmentafeln. Wöchentlich eine schriftliche Aufgabe. 4 St. Behlau.

Zeichnen in Verbindung mit Prima. 2 St. Hunold.

Themata zu den deutschen und lateinischen Aufsätzen.

a) Deutsche:

1) Welches sind die Anklagepunkte des Kritias gegen Theramenes und wie vertheidigt sich dieser gegen dieselben? (Nach Xenoph. hist. Gr. II.) 2) Bescheidenheit. Nach Bürgers Blümchen Wunderhold. 3) Die Bedeutsamkeit der Berge. (Bone's Leseb.) 4) Alles Große in der Weltgeschichte ist von Einzelnen, niemals von den Massen ausgegangen. (Nach gegebener Disposition.) 5) Des Odysseus Aufenthalt und Benehmen bei Eumäos. (Prüfungsarbeit.) 6) Ueber die Wichtigkeit der griechischen Nationalspiele, besonders der olympischen. 7) Warum ist es für jeden Christen Pflicht, dem öffentlichen Gottesdienste beizuwohnen? 8) Die Schlacht bei Marathon. (Nach Herodot.) 9) Der Blick vom Tabor. 10) Der jonische Aufstand und die Ereigniffe bis zur Schlacht bei Marathon. (Prüfungsarbeit.)

b) Lateinische:

1) De pugna ad lacum Trasumennum facta. 2) Q. Fabius Maximus cunctando rem Romanam restituit. 3) Adherbalis in senatu Romano oratio. 4) Res a Pisistrato gestae narrentur.

Tertia.

Ordinarius: Oberlehrer Dr. Gaßmann.

Religionslehre. a) katholische. (W.) Glaubenslehre: Wiederholung der Lehre von der Gnade. Evangelium des h. Lucas.

(G.) Glaubenslehre: von den h. Sakramenten. Evangelium des h. Lucas beendigt und Evangelium des h. Johannes 1—8. Burchard.

b) evangelische. (W.) Das erste Hauptstück des Katechismus. Der Prophet Jesaias. Erlernen von Bibelsprüchen und Kirchenliedern. 2 St.

(S.) Das zweite Hauptstück des Katechismus. Ausgewählte Stellen aus den Propheten
Jeremias und Daniel und einige Psalmen wurden gelesen. Daneben Erlernen von Bibelsprüchen
und Kirchenliedern 2 St. Rathmann.

Deutsch. (W.) Uebungen im Lesen und Erklären mit Berücksichtigung des Grammatischen. Deklamir-
übungen und Aufsätze. 2 St.

(S.) Wie im Wintersemester, jedoch mit höheren Anforderungen. 2 St.

Lateinisch. (W.) Caesar's b. G. V.; Ovid's Metam. II. u. VIII. mit Auswahl; Grammatik nach
Schultz: die Casuslehre; Vokabellernen nach Bonnell; wöchentl. 1 Exercitium. 8 St. Gaßmann.
Uebersetzungs-Uebungen nach Seipel's Anleitung; Prosodie und metrische Uebungen. 2 St.
Kramarczik.

(S.) Caesar's b. G. VI. Ovid's Metam. XII. u. XIII. mit Auswahl; Grammatik bis an
die Lehre von den Participien; Vokabellernen; wöchentlich 1 Exercitium. 8 St. Gaßmann.
Uebersetzungs- und metrische Uebungen. 2 St. Kramarczik.

Griechisch. (W.) Xenophon's Anabasis lib. IV.; Homer's Od. zehnter Gesang; Wiederholung der
Formenlehre; alle 14 Tage ein Exercitium nach Blume 6 St.

(S.) Xenoph. Anab. von lib. V. die 4 ersten Kapitel; Hom. Od. XI. Unregelmäßige
Verba und die Lehre von den Casus, alle 14 Tage ein Exercitium. 6 St. Gaßmann.

Französisch. (W.) Nach dem 2. Cursus von Plötz Lehrbuch der französischen Sprache die 2 ersten
Abschnitte. Alle 14 Tage ein schriftliches Exercitium. 2 St.

(S.) Desselben Lehrbuches dritter und vierter Abschnitt. Alle 14 Tage ein schriftliches
Exercitium. 2 St. Beblau.

Geschichte und Geographie. (W.) Geschichte der Griechen bis zum Jahre 146. Asien u. Afrika. 3 St.

(S.) Römische Geschichte bis zum Jahre 476, die Kaiserzeit jedoch nur übersichtlich. Die
Staaten Europa's außer Deutschland. 3 St. Zeittafeln von Kohlrausch; Handbuch von
Selten. Schneiderwirth.

Mathematik. (W.) Buchstabenrechnung mit Einschluß der Buchstabenbrüche. Von den algebraischen
Summen. Algebraische Gleichungen des ersten Grades mit einer und mit zwei Unbekannten.
Von den Potenzen. Dann Einleitung in die Geometrie. Gerade Linien, Winkel und von den
parallelen Linien. Alle 14 Tage eine schriftliche Aufgabe. 3 St.

(S.) Von den geradlinigen Figuren; von den Dreiecken, von den Vierecken und von den
Vielecken; vom Kreise. Alle 14 Tage eine geometrische Aufgabe. 3 St. Beblau.

Naturgeschichte. (W.) Uebersicht der Wirbelthiere. 2 St.

(S.) Uebersicht der Glieder- und Schleimthiere. 2 St. Waldmann.

Zeichnen. 2 St. Hunold. _____

Themata zu den deutschen Aufsätzen.

1) Meine Erlebnisse während der Michaelisferien. 2) Beschreibung des hier gefeierten Schillerfestes.
3) Phaëton nach Ovid. 4) Ueber die mannigfache Benutzung der Gewächse. 5) Ein Brief. 6) Vergleichung der edeln und unedeln Metalle und Bemerkung über deren Benutzung. 7) Der Tod des Leonidas.

bei den Thermopylen. (Prüfungsarbeit.) 8) Der Trost des Armen. 9) Worin besteht der Nutzen für eine Stadt, wenn sie an einem Flusse liegt? 10) Charakterschilderung eines Arbeitsamen. 11) Ueber die nütz-lichste Anwendung der Erholungszeit. 12) Der Streit um die Waffen des Achilles. 13) Man soll den Tag nicht vor dem Abend loben. (Prüfungsarbeit.)

Quarta.
Ordinarius: Gymnasiallehrer Schneiderwirth.

Religionslehre. a) katholische. (W.) Katechismus: Erstes Hauptstück. Erste Hälfte der biblischen Geschichte des N. T. 2 St.

(S.) Katechismus: Zweites und drittes Hauptstück. Zweite Hälfte der bibl. Geschichte des N. T. 2 St. **Waldmann.**

b) evangelische. Combinirt mit Tertia.

Deutsch. (W.) Uebungen im Lesen, Declamiren und Erzählen mit Rücksicht auf Satzlehre und auf die Lehre von der Wortbildung. Alle 14 Tage eine schriftliche Arbeit. 2 St.

(S.) Fortsetzung der Uebungen wie im Winter, mit gesteigerten Forderungen. 2 St.

Lateinisch. (W.) Wiederholung und Erweiterung der Formenlehre. Rection der Casus. Zeitenlehre und Gebrauch des Indicativs nach Schulz. Uebersetzen aus dem Uebungsbuche von Schulz. Vocabellernen nach Bonnell. Wöchentlich eine schriftliche Arbeit. 7 St. **Der Ordinarius.**

Cornel. Nepos: Themistocles, Aristides, Cimon, Alcibiades; dann ausgewählte Fabeln aus dem ersten und zweiten Buche des Phädrus und vorher das Nöthige aus der Prosodie und Metrik. 3 St. **Waldmann.**

(S.) Fortsetzung und Beendigung der Grammatik. Wiederholung; sonst wie im Winter. 7 St. **Der Ordinarius.**

Nepos: Agesilaus, Epaminondas, Hannibal. Ausgewählte Fabeln aus dem dritten und vierten Buche des Phädrus. 3 St. **Waldmann.**

Griechisch. (W.) Formenlehre bis zum Verbum nach Buttmann. Uebersetzen aus Jakobs' Lesebuch. Uebersetzen aus dem Deutschen in's Griechische nach Blume's Anleitung. Alle 14 Tage ein Pensum. 6 St.

(S.) Wiederholung und Fortsetzung der Formenlehre bis zu den Verben in $\mu\iota$; sonst wie im Winter. 6 St. **Der Ordinarius.**

Französisch. (W.) Aus dem Elementarbuche von Plötz, Abschnitt III. bis Abschnitt IV. Lect. 72. — Alle 14 Tage eine schriftliche Arbeit. 2 St.

(S.) Fortsetzung, Lect. 72. bis zu Ende, sonst wie im Winter. 2 St. **Grothof.**

Geschichte und Geographie. (W.) Uebersicht über das Gebiet der Geschichte bis zum Jahre 476. Biographischer Cursus. — Asien und Afrika. 3 St.

(S.) Ueberblick über das Feld der Geschichte bis zum Jahre 1815. — Amerika und Au-stralien. Zeittafeln von Kohlrausch. Handbuch von Selten. 3 St. **Der Ordinarius.**

Rechnen. (W.) Ausführliche Lehre über die Proportionen, Regeldetri-Aufgaben als Beispiele. Zusam-mengesetzte Regeldetri-Aufgaben (Kettensatz); zusammengesetzte Zinsrechnung, Disconto- und Rabattrechnungen. Kopfrechnen. Wöchentlich eine schriftliche Arbeit. 3 St.

(S.) Repetition der gemeinen Brüche mit Berücksichtigung der Decimalbrüche in gewöhnlicher Bruchform. Etwas Näheres über das dekadische Zahlensystem. Decimalbrüche. Mischungsrechnung. Kopfrechnen und schriftl. Arbeiten wie im Winter. 3 St. Behlau.

Zeichnen. 2 St. Hunold.

Quinta.
Ordinarius: Oberlehrer Waldmann.

Religionslehre. a) katholische, combinirt mit Sexta. (W.) Vom ersten bis zum achten Glaubensartikel. Biblische Geschichte von Erschaffung der Welt bis Moses. 3 St.

(S.) Vom achten bis zwölften Glaubensartikel incl. Biblische Geschichte von Moses bis Samuel. 3 St. Grothof.

b) evangelische, combinirt mit Sexta. (W.) Erklärung des 1. u. 2. Hauptstücks. Biblische Geschichte des A. T. bis Samuel. Erlernen von Bibelstellen und Kirchenliedern. 2 St.

(S.) Erklärung des 3. Hauptstücks. Biblische Geschichte des A. T. von Samuel an. — Erlernung von Bibelsprüchen und Kirchenliedern. 2 St. Rathmann.

Deutsch. (W.) Sprachliche und sachliche Erklärung ausgewählter Stücke aus dem 1. u. 2. Abschn. des Lesebuchs von Bone. — Uebungen im Lesen, Deklamiren und Erzählen. Alle 14 Tage eine schriftliche Arbeit. 2 St. Peters und der Ordinarius.

(S.) Erklärung ausgewählter Stücke aus dem 2. u. 3. Abschnitt des Lesebuchs, übrigens wie im Winter. 2 St. Der Ordinarius.

Lateinisch. (W.) Wiederholung und Ergänzung der Formenlehre, Syntax bis zum Genitiv nach der Grammatik von Schultz; daneben Uebersetzung der entsprechenden Abschnitte des Uebungsbuches von Schultz. Einübung von Vokabeln aus dem Vokabularium von Bonnell. Wöchentlich eine schriftliche Arbeit. 10 St. Peters und der Ordinarius.

(S.) Wiederholung und Beendigung der Casuslehre. Das Nöthigste über die Tempora, Modi und Participien; sonst wie im Winter. 10 St. Der Ordinarius.

Französisch. (W.) Aus dem Elementarbuche von Plötz, Abschnitt I. Alle 14 Tage eine schriftliche Arbeit. 3 St.

(S.) Fortsetzung bis zum III. Abschnitte, Lect. 50. Vielfache Wiederholung, sonst wie im Winter. 3 St. Grothof.

Geographie. (W.) Die Länder Europa's außer Deutschland, nach Selten. 2 St.

(S.) Deutschland. 2 St. Peters.

Rechnen. (W.) Fortsetzung der Uebungen im Rechnen mit Brüchen. Bruchbrüche. Anwendung der algebraischen Operationsbezeichnungen bei bestimmten Zahlen. Hauptregeln über die geometrischen Proportionen. Kopfrechnen in Verbindung mit dem Rechnen an der Tafel. Wöchentlich eine schriftliche Arbeit. 3 St.

(S.) Regeldetri-Aufgaben mit Hülfe der geometrischen Proportionen gelöst. Einfache Zinsrechnung. Einfache und zusammengesetzte Gesellschaftsrechnung. — Das Uebrige wie im Winter. 3 St. Behlau.

Naturgeſchichte. (W.) Die Gliederthiere. 2 St.

(S.) Die Schleimthiere. 2 St. Der Ordinarius.

Zeichnen. Combinirt mit Sexta. 2 St. Hunold.

S e x t a.

Ordinarius: Schulamts-Candidat Grothof.

Religionslehre. S. Quinta.

Deutſch. (W.) Uebungen im Leſen und mündlichen Erzählen nebſt Satzanalyſe und der nöthigen Erklärung, ſowie Memoriren und Vortragen von Gedichten nach dem erſten Theile von Bone's
deutſchem Leſebuche. Schriftliche orthographiſche Uebungen und Correctur der wöchentlichen
ſchriftlichen Arbeiten. 2 St.

(S.) Fortſetzung.

Lateiniſch. (W.) Formenlehre bis zum Hülfsverbum esse incl.; mündliche und ſchriftliche Ueberſetzungs-
übungen nach der kleinen latein. Sprachlehre und dem Uebungsbuche von Schulz. Im zweiten
Quartal Memoriren von Vocabeln nach Bonnell. Wöchentlich 2 ſchriftliche Arbeiten. 10 St.

(S.) Fortſetzung der Conjugationen. Unregelmäßige Perfecta und Supina in denſelben. —
Memoriren von Vocabeln nach Bonnell. Im Uebrigen wie im Winter. 10 St.

Geographie. (W.) Die nöthigen Vorbegriffe aus der mathematiſchen und phyſikaliſchen Geographie
und Beſchreibung der 5 Erdtheile im Allgemeinen. 2 St.

(S.) Beſchreibung der Oceane und ihrer Theile, der hauptſächlichſten Seen, Flüſſe und
Gebirge. Uebung im Kartenzeichnen. 2 St. Der Ordinarius.

Rechnen. (W.) Numeriren, Zahlen leſen und ſchreiben. Die 4 Species mit einfach benannten Zahlen.
Preuß. Münzen, Maaße und Gewichte. Die 4 Species mit unbenannten Zahlen. Ausführ-
licheres über die Rechnungen mit benannten Zahlen. Bei der Addition und Subtraktion Zeit-
und Terminrechnungen. Kopfrechnen in Verbindung mit dem Rechnen an der Tafel geübt. —
Wöchentlich eine ſchriftliche Arbeit. 4 St.

(S.) Einfache Regeldetri-Aufgaben. — Die gemeinen Brüche. — Das Uebrige wie im
Winter. 4 St. Behlan.

Naturkunde. (W.) Säugethiere und Vögel. 2 St. Kruſe.

(S.) In Verbindung mit Quinta.

Zeichnen. In Verbindung mit Quinta.

Hebräiſche Sprache. Prima. (W.) Wiederholung der Formenlehre. Syntax Geſenius §. 104-
125. Exercitia. 1 St. Ueberſetzen aus Geſ. Leſebuch 1. Thl. 10-2. Thl. 6. 1 St.

(S.) Formenlehre. Syntax §. 126 bis zu Ende. Exercitia. 1 St. Ueberſetzen aus dem
Leſebuche: 2. Thl 7—12. 1 St.

Sekunda. (W.) 1 Abth. Formenlehre des regelmäßigen und unregelmäßigen Verbums. Exercitia.
1 St. Ueberſetzen aus Geſ. Leſebuch. 2. Abth. Anfangsgründe. 1 St.

(S.) Formenlehre des Verbums und Nomens. Exercitia. Ueberſetzen aus Geſ. Leſebuch.
1 St. Burchard.

Singen. Der Unterricht im Singen iſt in 4 Abtheilungen ertheilt worden. Ludwig.

Die Turnübungen leitete im Sommer Mittwochs und Sonnabends in je 2 St. Kramarczik.

1. Vertheilung der Lehrgegenstände unter die Lehrer.

Lehrer	Prima	Secunda	Tertia	Quarta	Quinta	Sexta
1) Kramarczik, Director. Ordinarius von Prima. 15 St.	Deutsch 3 St. Latein 8 St. Griech. 2 St.		Latein 2 St.			
2) Burchard, Oberlehrer. Ordinarius von Secunda. 20 St.	Religion 2 St. Hebr. 2 St.	Religion 2 St. Deutsch 2 St. Griechisch 6 St. Französisch 2 St. Hebräisch 2 St.	Religion 2 St.			
3) Dr. Gaßmann, Oberlehrer. Ordinarius von Tertia. 21 St.	Franz. 2 St. Geschichte u. Geogr. 3 St.		Deutsch 2 St. Latein 6 St. Griech. 6 St.			
4) Vacat.						
5) Waldmann, Oberlehrer. Ordinarius von Quinta. 21 St.			Naturkunde 2 St.	Religion 2 St. Latein 3 St.	Deutsch 2 St. Latein 10 St.	Naturkunde 2 St.
6) Gehlau, Gymnasiallehrer. 25 St.	Math. 4 St. Physik 2 St.	Mathematik 4 St.	Math. 3 St. Franz. 2 St.	Rechnen 3 St.	Rechnen 3 St.	Rechnen 4 St.
7) Schneiderwirth, Gymnasiallehrer. Ordinarius von Quarta. 21 St.			Geschichte u. Geogr. 3 St.	Deutsch 2 St. Latein 7 St. Griech. 6 St. Geschichte u. Geogr. 3 St.		
8) Peters, Gymnasiallehrer. 20 St.	Griech. 4 St.	Latein 11 St. Gesch. u. Geogr. 3 St.			Geographie 2 St.	
9) Nathmann, evangel. Religionslehrer. 6 St.		Religion 2 St.	Religion 2 St.		Religion 2 St.	
10) Grothof, Schulamts-Candidat. Ordinarius von Sexta. 22 St.				Franz. 2 St.	Franz. 3 St.	Deutsch 2 St. Latein 10 St. Geogr. 2 St. Religion 3 St.
11) Arend, Schreiblehrer. 6 St.					Schönschreiben 3 St.	Schönschreiben 3 St.
12) Ludwig, Gesanglehrer. 3 St.		Singen 1 St.	Singen 1 St.		Singen 1 St.	
13) Hunold, Zeichenlehrer. 6 St.		Zeichnen 2 St.	Zeichnen 2 St.	Zeichnen 2 St.	Zeichnen 2 St.	

2. Erlasse des Königlichen Provinzial-Schul-Collegiums.

1) Circular-Verfügung v. 25. Aug. v. J., wodurch eine genaue Auskunft über den Bestand und Fortgang der mit den diesseitigen Gymnasien und Schullehrer-Seminarien verbundenen Turn-Anstalten verlangt wird.

2) Circular-Verfügung v. 18. Jan. c. In den über die Abiturienten-Prüfungen der Gymnasien und der Realschulen erlassenen Instruktionen ist bestimmt worden, daß ein Zeugniß der Nichtreife nur auf Verlangen des Geprüften oder seiner Angehörigen ausgestellt werden soll. Sofern diese im Fall der nicht bestandenen Abiturienten-Prüfung es vorziehen, statt eines Zeugnisses der Nichtreife ein gewöhnliches Abgangs-zeugniß zu verlangen, ist ihnen solches nicht vorzuenthalten, in demselben jedoch am Schluß die Bemerkung auf-zunehmen, daß der betr. Schüler an der Abiturienten-Prüfung Theil genommen und sie nicht bestanden habe.

3) Rescript v. 28. Juny c. Insbesondere veranlassen wir Sie, mit den Belehrungen und Mah-nungen an die dortigen Eltern fortzufahren, die Kinder nicht in zu spätem Alter dem Gymnasium zu übergeben, da die große Ungleichheit des Lebensalters, die in den dortigen Klassen stattfindet, Unterricht und Disciplin in gleicher Weise gefährdet.

4) Dem Rescript v. 19. Nov. 1858 zufolge stelle ich nachstehend alle im Jahre 1859 freigegebenen Tage und Ferienzeiten zusammen:

1) Die Osterferien von Donnerstag vor Ostern incl. bis Donnerstag nach Ostern excl.;
2) die Pfingstferien vom Freitag Nachmittags vor Pfingsten excl. bis zum Mittwoch nach Pfingsten incl.;
3) die Sommerferien vom 7. July bis zum 3. August;
4) die Michaelisferien vom 2. October bis zum 17. October;
5) die Weihnachtsferien vom 23. December incl. bis zum 3. Januar excl.;
6) Zur Feier des Geburtstages Sr. Königlichen Hoheit des Prinz-Regenten einen Tag Ferien;
7) der allgemeine Spaziergang, welcher in anderen Jahren herkömmlich an einem Sommertage gemacht wird, ist im vorigen Jahre ausgefallen.

3. Chronik der Anstalt.

Das Schuljahr wurde Dienstag den 18. October mit feierlichem Gottesdienst eröffnet.

Am 11. November wurde die Feier des hundertjährigen Geburtstages Schiller's mehrseitig geäu-ßertem Wunsche gemäß öffentlich durch Gesang und Vorträge von Schülern aller Klassen begangen.

Im December setzte Herr Oberlehrer Waldmann den Unterricht zufolge ärztlicher Vorschrift aus, um die Heilung seines Augenleidens abzuwarten. Die Vertretung desselben wurde mit höherer Genehmigung in der Art angeordnet, daß 10 lateinische Lehrstunden in II der Direktor, H. Oberl. Burchard und H. G.-L. Peters, 3 lat. St. in IV H G.-L. Schneiderwirth, 2 St. Religionslehre in IV H. Sch.-C. Grothof, 4 St. Naturbeschreibung in III und V H. Sch.-C. Kruse versahen und Herr Mathematicus Behlau statt 1 St. Latein in II Physik lehrte. Vom Neujahr ab übernahm Herr Oberl. Waldmann seinem Wunsche gemäß das Ordinariat der Quinta, Herr Peters dagegen 11 lat. Lehrstunden in II.

Den 22. März ist der Geburtstag Sr. Königlichen Hoheit des Prinz-Regenten gefeiert worden. Die Festrede hielt der Herr Oberlehrer Dr. Gaßmann.

Vor Ostern verließ der Herr Schulamts-Candidat Kruse nach Beendigung des Probejahres unsere Anstalt, an welcher er mit besonnenem Eifer und gutem Erfolge gewirkt hatte, um als commissarischer Lehrer in Trier eine neue Wirksamkeit zu beginnen.

Zu Anfang des Monats April erkrankte der Director und konnte nach den Ferien erst, den 25. April, einzelne Unterrichtsstunden, noch später die Directorial-Geschäfte wieder übernehmen, deren Verwaltung sich der Senior des Kollegiums, Herr Oberlehrer Burchard, unterzogen hatte.

Am 24. April verlor die Anstalt durch den Tod einen sehr fleißigen und gutgesitteten Schüler, den Primus der Sexta, Louis Kalbhenn, welcher schon im Januar krank in's elterliche Haus nach Wach-stedt zurückgekehrt war. Es konnten ihm daher Lehrer und Mitschüler nicht das letzte Geleit geben.

Am 8. und 9. Juny besuchte der Königliche Provinzial-Schulrath Herr Dr. Heiland alle Klassen des Gymnasiums und führte am 14. und 15. September den Vorsitz bei der Prüfung von 13 Abiturienten.

4. Vermehrung der Lehrmittel.
A. Lehrerbibliothek.

I. Geschenke: Von dem Königl. Hohen Ministerium der geistlichen 2c. Angelegenheiten: Ovidii Trist. ed. Dr. Loers. Bestimmungen über die Organisation der Kriegsschulen. — Zeitschrift für allg. Erdkunde. N. F. 6. und 7. Bd. Crelle's Journal 57. und 58. Bd. 2. Heft. Germaniens Völkerstämme von Firmenich, 3. Bd. 6. L. Erk, deutscher Liederhort. Denkmäler des Mittelalters in den Rheinlanden von E. aus'm Weerth. 2. Bd. Schneider, Neue Beiträge zur alten Geschichte und Geographie. Vom H. Oberl. Dr. Genthe, 1 Expl. s. Rede auf Ph. Melanchthon. Vom H. Director Meiring, 1 Expl. seiner lat. Elementar-Grammatik. Von d. Abit. E. Hesse 1 Expl. d alt. Eichsf. Gesangbuchs.

II Statsmäßige Erwerbungen: Jahn's Jahrbücher für Philologie und Pädagogik nebst Supplementen. Philologus, von Ernst von Leutsch. Zeitschrift für das Gymnasialwesen, von Mützell. Annalen der Physik und Chemie, von Poggendorf. Herodot. ed. Bähr tom. III. Herodot von Stein, 3. Bd. Welcker, griech. Götterlehre 1. u. 2. Bd. 1. Abth. Scherr, Schiller u. s. Zeit, 3 Bde. Kircheri obelisci aegypt. interpretatio. Mureti scripta selecta, ed. Kaiser. Schöppner, Länder- und Völkerkunde. Karte von Griechenland. Benecke's mittel-hochdeutsches Wörterbuch, 3. Bd. 4. Heft. Augustini confess. ed. Raumer. Damberger, Geschichte 10. Bd. und Kritikhefte 7–9. Bd. Kehrein, Kirchenlieder 2 Bde. Voigt, Mittheilungen über das Unterrichtswesen in England und Schottland. Campe, Geschichte und Unterricht in der Geschichte. Burg, ausführliches Lehrbuch der höhern Mathematik. Livius, erklärt von Weißenborn. Seneca ed. Haase. Aeschyli Trag. ed. Hermann. Aristophanes, ausgewählte Komödien von Kock. Lange, römische Alterthümer. Schömann, griechische Alterthümer. Bibliographisches Jahrbuch. Centralblatt für die gesammte Unterrichts-Verwaltung. O. Müllers Geschichte hellenischer Stämme und Städte. Desselben, die Dorier. Organische Chemie, von Graham-Otto, 2 Bd. 1. u. 2. Abth. Weiß, Kostümkunde. Gfrörer, P. Gregorius VII. und s. Zeitalter 6 Bde. Görres, politische Schriften. 6 Bde. Grimm's deutsches Wörterbuch. 3 Bde. 4. Liefrg.

B. Schülerbibliothek. 1. Geschenke.
Von dem Abiturienten A. Raabe: 2707. Das Buch der Natur v. Schödler. Braunschw. 1850. — 2708. Lehrbuch der vergleichenden Erdbeschreibung v. Wilh. Pütz. Freiburg. 1856.   2709. The life and

voyages of Christopher Columbus by Washington Jrving. Mit Erf. u. Wörterb. L. 1832. 2710. Poesie del Sign. Metastasio Tom. II. 2711. Arabische Grammatik von Heyel. Jena 1776. 2712. Er‹ penik arabische Grammatik. Gött. 1771. 2713. Dittionario italiano-francesc, tedesco e latino da Vene‹ roni e Castelli. Fref. 1714. Von dem Abiturienten F. Schmidt: 2721. Der Kampf der Franzosen in Algerien v. Wolff. 2722‑23. Die Heldensagen griechischer Vorzeit v. F. Werther. 2724. Cicero's Rede gegen O. Caecilius u. g. Verres erkl. v. Halm. 2725. Plat. Lach. Charm. Alcib. rec. Stallbaum. 2726. Plat. Meno et Euthy‑phro. Rec. Stallbaum. 2727. Handbuch der franz. Sprache u. Lit. v. Jdeler und Nolte. 3 Th. 2728. Grundzüge der Physik v. Krüger.

Von dem Abiturienten Theodor Thele: 2729 Geschichte Napoleons und der großen Armee im Jahre 1812 v. dem Graf v. Segur. Ueberf. v. Kottenkamp. 2730. Deutsche Geschichte v. Thurn. 2731. Tac. Agric. Germ. Dial. de orat. L. Teubner. 1858. 2732. Uebungsbuch zum Ueberf. aus dem Lat. v. Lothholz. 2733. Aufgaben zum Ueberf. ins Latein. v. Hottenrott. 4. Thl. 2734. Cicero, Laelius erkl. v. Rauck. 2735. Justini hist. libri XLIV. Halae. 1815. 2736. Tac. opera. Recogn. Jmm. Bekkerus. B. 1825. 2737. Dichtkunst d. Horaz überf. v. Rammler. 1789. 2738-39. Reden des Demofthenes erkl. v. Westermann 1-2. Bdch. B. 1853. 2740. Herodoti hist. L. Tauchnitz. 1839. 2741. Plat. Protag. erkl. v. Sauppe. 2742. Aristotelis ethic. ad Nicomachum. Ed. ster. 2743. Thucyd. de bello Pelop. Ed. ster. 2744 Plat. Meno. Jllustr. Stallbaum. L. 1827.

Von dem Abiturienten J. Fütterer: 2762—64. Tiedge's Leben und poetischer Nachlaß v. Dr. Fal‹kenftein. 3 Bde. 2766. Plat. Protagoras erkl. v. Sauppe. 2765. Taciti Libri qui supersunt v. Halm. 2767. Jsocrates, Panegyr. und Arcopag. erkl. v. Dr. Rauchenstein. 2768—69. Herodoti hist. Tom. II, III. Tauchnitz. 2770. Jeanne d'Arc par de Barante, Duisburg 1856. 2771. Le Misanthrope coméd. de Molière. 2772. Elementa Logices Aristotelcae v. Trendelenburg. 2773. Uflacker's Exempelbuch. 2774. Wöcfel, Geometrie.

Von dem abgegangenen Primaner Hosbach: 2775. Cicero's Epifteln v. Süpfle. 2776. Sophocles Oedip. auf Kolonos v. Schneidewin. 2777 Plat. Protag. v. Sauppe. 2778. Xenophontis institutio Cyri. 2779. Ditfurt, griech. Vokabularium. 2780 Jdeler u. Nolte 3. Th. 2781. Le Misanthrope, com. de Molière. 2782. Athalie trag. par Racine 2783. Gandtner u. Junghans, Aufgaben. 1. Thl.

Von einem Ungenannten: 2799. Herodot's Geschichte, überf. v. A. Schöll. 6—9. Bd. Von einem Ungenannten: 2800. H. Klette. Deutsche Auffäße. 1844.

2. Angeschaffte Werke.

2706. Grundzüge d. Beredsamkeit mit einer Auswahl von Mufterstellen v. Schleiniger. 2711—15. Gesch. der letzten 40 Jahre v. W. Wenzel. 2 Bde. 2716—17. Deutsch‹Lateinisches Handwörterbuch v. Georges. 2718-19. Gesammtwörterbuch der lat. Sprache v. Freund. 2720. Der Preußen Huldigungsfest v. K. Streckfuß. B. 40. 2745. Licht und Schatten v. Hungari. 2746—47. Dichtergarben v. H. Bone. 2748. Hülfsbuch f. d. deutschen Unterricht v. H. Viehoff. 2749. Charakteristiken zur vergleichenden Erd‹ und Völkerkunde v. W. Püß. 1. Bd. 2750-51. Handb. f. d. biogr. Geschichtsunterricht v. K. Schwarz. 2. Thl. 2752. Latium oder das alte Rom in seinen Sprüchwörtern. 2753. Aufgaben z. Ueberf. in's Lat. für V und IV v. Haacke. Nordhausen 1859. 2754. Aufgaben z. Ueberf. in's Griech. v. Böhme. 1859. 2755. Plat. Gorgias erkl. v. Deufchle. 2756. Pape's deutsch-griech. Wörterbuch, bearb. v. Sengebusch.

2757—61. Beschäftigungen f. d. Jugend, v. G. H. Schubert. 5 Bde. 2784. Katholische Unterhaltungen im häusl. Kreise. 2785—86. Peter, Geschichte Rom's. 2 Bde. 2757. Pütz, Erd- u. Völkerkunde 2r. Bd. 2788. Fr. Güll, Kinderheimath, Scherz u. Ernst f. Jung u. Alt. 2789. Vorbilder d. Vaterlandsliebe, d. Hochsinnes u. d. Thatkraft, v. Schlimpert. 2790—91. Gesch. d. röm. Lit. v. Ed. Munk. 2 Bde. 2792. Des Demosthenes 12 Philippische Reden, erkl. v. L. Rehdantz. 2793—98. Erläuterungen zu d. deutschen Klassikern. Jena. 1855.

C. Dem Naturalien-Cabinet sind geschenkt worden:

1) Vom Hrn. Rathmann Gaßmann das Gebiß eines Haifisches, eine Flosse von einem Rochen und ein Stück Palmenholz.
2) Vom Hrn. Oberpfarrer Kirchner in Wolmirstedt drei Kasten mit Insekten.
3) Vom Quintaner Bruno Dunkel ein Buntspecht.
4) Vom Quartaner v. Wussow ein Atlasvogel.
5) Vom Sextaner Kuno Fütterer zwei Kauzeier.
6) Von einem Ungenannten ein Anthrax sinuata.
7) Vom Hrn. Feldhüter Meß zwei Stück Tuffsteine.
8) Vom Quintaner König die Klapper von einer Klapperschlange, ein Stück Goldquarz aus Kalifornien, eine Voluta und eine Turritella.

D. Vermehrung des physikalischen Apparats.

Ein elektromagnetischer Meter mit festem Stahlmagnet und beweglichem Elektromagnet, dabei Induktionsrollen. — Eine kupferne Flasche mit Zubehör zum Leidenfrost'schen Versuch. — Ein rotirender galvanischer Strom um einen Stahlmagnet. — Ein Modell einer Saugpumpe. — Eine Cylinderloupe. — Ein galvanischer Schwimmer.

5. Unterstützungen.

Aus der Haberkornschen Stiftung sind einem Primaner und einem Sekundaner je 10 ℳ und einem Tertianer 6 ℳ 20 ₰; aus dem allgemeinen Unterstützungsfonds 2 Primanern je 16 ℳ, einem Primaner 10 und 2 Primanern je 9 ℳ; aus der Hartmannschen Stiftung einem Quintaner 6 ℳ und aus der Conservatur-Fütterer'schen Stiftung einem Studiosus 45 ℳ, den Stiftungsurkunden gemäß, bewilligt worden.

Indem ich die wünschenswerthe Vermehrung der Stiftungen allen Freunden und Gönnern unserer Anstalt, insbesondere denjenigen frühern Zöglingen derselben, welche ehedem Unterstützungen bezogen haben, vertrauensvoll anempfehle, ertheile ich die Versicherung, daß die Verleihungen der Stipendien auch ferner, wie bisher, dem ausgesprochenen Willen jedes Stifters gemäß, stattfinden sollen.

6. Frequenz.

Am Schlusse des vorigen Schuljahres besuchten 196 Schüler das Gymnasium. Aufgenommen wurden zu Anfang des neuen 1 Primaner, 1 Tertianer, 6 Quartaner, 6 Quintaner, 20 Sextaner; nach Ostern 2 Secundaner, 1 Quintaner und 4 Sextaner. Das Winterhalbjahr wurde mit 211 Schülern eröffnet, von denen 29 in I, 30 in II, 51 in III, 32 in IV, 43 in V und 26 in VI saßen. · Im Sommerhalbjahr besuchten 210 Schüler das Gymnasium. Im Laufe des Jahres belief sich die Zahl der Schüler auf 219, von denen 183 katholischen, 34 evangelischen, 2 jüdischen Glaubens sind.

Vor Beginn des Schuljahres sind abgegangen: Joseph Schollmeyer aus I; Johannes Marx aus II; Michael Föllmer aus III; Wilhelm Eberlein, Franz Franke und August Wegerich aus IV; Franz Apel, Gustav Jacobi, Richard Möbbes und Ludwig Wand aus V; und August Gaßmann aus VI; vor Ostern: Gottfried Hosbach und Georg Wolff aus I; Bernh. Sittel, August Ohrenschall und August Leibecke aus III; Sebastian Gebhardt, Emil Hartmann, Hans Storm und Hans v. Wussow aus VI; im Sommer: Valentin Bode aus II; Wolf v. Bischofshausen aus IV; der Sextaner Louis Kalbhenn ist gestorben; vor dem Schluß des Schuljahrs: Martin Werkmeister aus I; Louis Seelisch aus II; Christoph Güthoff aus III und Nikolaus Waldmann aus V.

Mit dem Zeugnisse der Reise werden entlassen werden:

1) Emil König aus Nordhausen, 19 Jahre alt, Sohn des Privatsekretairs Herrn Nikolaus König daselbst, 8 Jahre Schüler der Anstalt; er gedenkt Philologie in Bonn zu studiren.

2) Wilhelm Leineweber aus Steinbach, 21 Jahre alt, Sohn des daselbst verstorbenen Schulzen Peter Leineweber, 6½ Jahr Schüler der Anstalt; er will Theologie in Bonn studiren.

3) Conrad Fuhlrott aus Leinefelde, 21 Jahre alt, Sohn des Kaufmanns Herrn Bernard Fuhlrott daselbst, 8 Jahr Schüler der Anstalt; er will in Würzburg Medicin studiren.

4) Heinrich Mock von hier, 21 Jahre alt, Sohn des dahier verstorbenen Fleischermeisters Carl Mock, 8 Jahr Schüler der Anstalt; er beabsichtigt in Münster Theologie zu studiren.

5) Ernst Schweikert aus Dingelstädt, 19 Jahre alt, Sohn des dortigen Apothekers und Bürgermeisters Herrn Ed. Schweikert, 9 Jahr Schüler der Anstalt; er gedenkt Philologie in Würzburg zu studiren.

6) August Relz aus Dingelstädt, 19 Jahre alt, Sohn des dortigen Oekonomen Herrn Michael Relz, 8 Jahr Schüler der Anstalt; er beabsichtigt Medicin in Greifswalde zu studiren.

7) Clemens Hesse aus Breitenbach, 21 Jahre alt, Sohn des daselbst verstorbenen Lehrers Lucas Hesse, 8 Jahr Schüler der Anstalt; er beabsichtigt Theologie in Bonn zu studiren.

8) Karl Sander aus Küllstedt, 19 Jahre alt, Sohn des dasigen Fabrikanten Herrn Fr. Sander, 8½ Jahr Schüler der Anstalt; er will Medicin in Göttingen studiren.

9) Aloysius Hildebrand aus Lengenfeld, 22 Jahre alt, Sohn des Oekonomen Herrn Leopold Hildebrand, 8 Jahr Schüler der Anstalt; er will Theologie in Bonn studiren.

10) Ignaz Weißenborn aus Deuna, 22 Jahre alt, Sohn des dortigen Oekonomen Herrn Joh. Georg Weißenborn, 9½ Jahr Schüler der Anstalt; er will Theologie in Bonn studiren.

11) Heinrich Ertmer aus Eilenburg, 19 Jahre alt, Sohn des dortigen Kreisgerichtssekretairs und Hülfsrichters Herrn Joseph Ertmer, 6½ Jahr Schüler der Anstalt, er will Philosophie in Münster studiren.

12) Lorenz Müller aus Wilbich, 22 Jahre alt, Sohn des Handelsmanns Herrn Lorenz Müller daselbst, 8 Jahr Schüler der Anstalt; er will Theologie in München studiren.

13) Georg Krebs aus Freienhagen, 23 Jahre alt, Sohn des dortigen Oekonomen Herrn Ernst Krebs, 9 Jahr Schüler der Anstalt; er will Theologie in Münster studiren.

Sämmtliche Abiturienten sind katholisch und haben die Prima 2 Jahre besucht.

Verzeichniß der Schüler während des Schuljahrs 1859—60.

Prima.

1) Heinrich Ertmer aus Eilenburg.
2) Konrad Fuhlrott aus Leinefelde.
3) Clemens Hesse aus Breitenbach.
4) Aloys Hildebrand aus Lengenfeld.
5) Gottfried Hosbach aus Mengelrode.
6) Emil König aus Nordhausen.
7) Georg Krebs aus Freienhagen.
8) Wilhelm Leineweber aus Steinbach.
9) Heinrich Mock von hier.
10) Lorenz Müller aus Wilbich.
11) August Nelz aus Dingelstädt.
12) Karl Sander aus Küllstedt.
13) Ernst Schweikert aus Dingelstädt.
14) Ignaz Weißenborn aus Deuna.
15) Mart. Werkmeister aus Breitenbach.
16) Karl Brodmann aus Gernrode.
17) Friedrich Feldmann aus Erfurt.
18) Georg Hartmann aus Dingelstädt.
19) Adolph Kunckell aus Dingelstädt.
20) Friedrich Luja von hier.
21) August Lünzner aus Cöln.
22) Valentin Massino aus Witterda bei Erfurt.
23) Th. Müller aus Hildebrandshausen.
24) Ludwig Nordmann von hier.
25) Bernh. Oelrich aus Eggeringhausen.
26) Eduard Rechenbach von hier.
27) Friedrich Schoppen von hier.
28) Georg Wolff aus Hansen.
29) Alfred Zugbaum von hier.

Secunda.

1) Ignaz Diedrich aus Werkshausen.
2) August Dunkelberg aus Zelle.
3) Hermann Grosse aus Breitenworbis.
4) Andreas Jung aus Arenshausen.
5) Edmund Kellner von hier.
6) Bernhard Klaus aus Niederorschel.
7) Karl Koch aus Misserode.
8) Bernhard Krebs aus Uder.
9) Wilh. Liebergesell aus Breitenbach.
10) Gustav Lorenz aus Wiesenfeld.
11) Ernst Lünzner aus Cöln.
12) Johannes Marx aus Geisleden.
13) Leopold Neumeier aus Trebra.
14) Adolph Pudenz aus Erbhausen.
15) Aloys Pudenz aus Erbhausen.
16) Gottfried Rechenbach von hier.
17) Friedrich Rechenbach von hier.
18) Gregor Rhode aus Günterode.
19) Vitus Schollmeier aus Weberstedt.
20) Louis Seelisch aus Mühlhausen.
21) Valentin Bode aus Wüstheuterode.
22) Albert Engelhardt von hier.
23) Max Gaßmann von hier.
24) Nikolaus Großheim aus Steinheuterode.
25) Alexander von Hanstein von hier.
26) August Meise aus Rheinholterode.
27) Anton Multhauf aus Berlingerode.
28) Klemens Otto aus Jützenbach.
29) Georg Richardt aus Dingelstädt.
30) Heinrich Ringleb aus Bischhagen.
31) Theobald Thele von hier.
32) Anton Ihrän aus Holungen.

Tertia.

1) Albert Buhlers aus Magdeburg.
2) Adam Döring aus Geismar.
3) Bernhard Dunkelberg aus Lengenfeld.
4) Hieronymus Föllmer aus Uder.
5) August Gundermann von hier.
6) Christoph Güthoff aus Neuenheerse.
7) Heinrich Jünemann aus Uder.
8) Georg Kaiser aus Zelle.
9) Rudolph Klingebiel aus Dingelstädt.
10) Karl Löffler aus Worbis.
11) Eugen Marx aus Gieboldehausen.
12) Joseph Marx von hier.
13) Bernhard Mock von hier.
14) Andreas Montag aus Dingelstädt.
15) Otto Müller aus Stendal.
16) Martin Müller aus Erfurt.
17) Franz Reise aus Bleckenrode.
18) Matthias Ohrendorff aus Darfeld.
19) Bernhard Sittel von hier.
20) Philipp Stöber aus Birkungen.
21) Wilhelm Vogt aus Arenshausen.
22) Otto Zugbaum von hier.
23) Hermann Althaus von hier.
24) Ignaz Vörger aus Küllstedt.
25) Karl Buch aus Küllstedt.
26) Georg Degenhardt aus Dingelstädt.
27) Ernst Eicke aus Weißenborn.
28) Nikolaus Engelhard vom Hillemann.
29) Heinrich Gleiz aus Silberhausen.
30) Peter Grefrath aus Geldern.
31) Karl Hagemeister aus Worbis.
32) Louis Hartmann aus Dingelstädt.
33) Philipp Hartmann aus Dingelstädt.
34) Karl Heyber aus Halle.
35) Franz Homeyer aus Breitenbach.
36) Ottomar Koch aus Halberstadt.
37) August Leibecke aus Lindau.
38) August Liesmann vom Bodenstein.
39) Wilhelm Müller aus Worbis.
40) August Ohrenschall von hier.
41) Christian Oesterheld von hier.
42) Heinrich Plaß von hier.
43) Heinrich Richardt aus Effelder.
44) Heinrich Noßt von hier.
45) August Schilling aus Weberstedt.
46) Michael Schuchardt aus Dingelstädt.
47) Eduard Stabermann von hier.
48) Theodor Sterner aus Steinbach.
49) Clemens Vogt aus Küllstedt.
50) Florentin Vogt aus Küllstedt.
51) Gustav von Winzingerode aus Kirchohmfeld.

16

Quarta.

1) Nikolaus Baat aus Ehrenbreitstein.
2) Andreas Baumgarten aus Hohengandern.
3) Wolf von Bischofshausen aus Wahlhausen.
4) Heinrich Bley aus Wernerode.
5) Aug. Breitenbach aus Niedervorschel.
6) Eduard Brückner aus Halberstadt.
7) Ferd. Conradi aus Winzingerode.
8) Karl Degenhart aus Dingelstädt.
9) Florentin Digmann von hier.
10) Joseph Dobert aus Küllstedt.
11) Franz Drößler aus Effelder.
12) Michael Engelhard vom Hillemann.
13) Wilh. Fackelmann aus Nordhausen.
14) Albert Fahrig aus Niedervorschel.
15) Ignaz Gebhard aus Ruhmspringe.
16) Edmund Goldmann aus Birkenfelde.
17) Oskar Goldmann aus Worbis.
18) Johannes Gümpel aus Uder.
19) Joseph Hackethal aus Mengelrode.
20) Friedrich Hanselmann aus Weimar.
21) Hermann Hartmann aus Dingelstädt.
22) Georg Heinemann aus Dingelstädt.
23) Karl Holst aus Paperdorf.
24) Christoph Kaufhold aus Hüpstedt.
25) Hermann Lünzner von hier.
26) Oskar Rindermann aus Nordhausen.
27) Friedrich Schollmeyer von hier.
28) Eduard Seydewitz von hier.
29) Hugo Tielsch von hier.
30) Alloys Wiesenmüller aus Erfurt.
31) Theodor Wolfram aus Vollenborn.
32) Gottwald von Wussow aus Liegnitz.

Quinta.

1) Christoph Caro von hier.
2) Georg Dette aus Dingelstädt.
3) August Dunkel aus Treffurt.
4) Bruno Dunkel aus Oscheröleben.
5) Heinrich Dunkel aus Küllstedt.
6) Max Engelhard von hier.
7) Joseph Ertmer aus Holungen.
8) Wilhelm Fütterer von hier.
9) Gustav Gabe von hier.
10) Franz Germeshausen aus Weberstedt.
11) Friedrich Gerstenberg von hier.
12) Leo Hebenstreit aus Bodenrode.
13) Joseph Herold von hier.
14) Robert Höflein aus Eilenburg.
15) Eugen Holck aus Herzberg bei Torgau.
16) August Hornemann aus Leinefelde.
17) Joseph Jahn aus Kreuzeber.
18) Joachim Kaufhold aus Hüpstedt.
19) Hermann Kellner von hier.
20) Philipp Kirchberg aus Dingelstädt.
21) Georg Kirchner aus Worbis.
22) Herm. Klapprott aus Niedervorschel.
23) Michael König aus Pfaffschwende.
24) Heinrich Kühne von hier.
25) Karl Leineweber aus Neuendorf.
26) Isidor Levi von hier.
27) Florentin Lins aus Wachstedt.
28) Johannes Lins von hier.
29) Siegfried Löwenthal von hier.
30) Heinrich Mecke aus Niedervorschel.
31) Franz Müller aus Breitenworbis.
32) Pius Peter aus Geisleben.
33) Heinrich Preiß aus Wüstheuterode.
34) Bernhard Redemann aus Teistungen.
35) Johannes Rhode aus Bösekendorf.
36) Ludwig Rink aus Seulingen.
37) Joseph Rühl von hier.
38) Adolph Schirmer von hier.
39) Richard Schirmer aus Erfurt.
40) August Schwanstecher aus Niedervorschel.
41) Heinrich Trümper aus Lutter.
42) Nik. Waldmann aus Streitholz.
43) Kaspar Weidekind von hier.
44) Joseph Wiegel von hier.
45) Karl Zwickert aus Erfurt.

Sexta.

1) Georg Breitenbach von hier.
2) Karl Carlstädt aus Teistungen.
3) Wilhelm Drieße von hier.
4) Emil Tencken aus Uder.
5) Joseph Dunkelberg aus Lengenfeld.
6) Ignaz Engelmann vom Hillemann.
7) Wilh. Faßhauer aus Werlingerode.
8) Kuno Fütterer von hier.
9) Adolph Gabe von hier.
10) Christoph Gabel aus Freienhagen.
11) Sebastian Gebhard aus Lutter.
12) Emil Hartmann aus Dingelstädt.
13) Georg Heinevetter von hier.
14) Louis Kalbhenn aus Wachstedt.
15) Georg Kaufhold aus Janlungen.
16) Michael Kühne von hier.
17) Peter Marx von hier.
18) Otto Neumann aus Göttingen.
19) Ferdinand Pudenz aus Erxhausen.
20) Joseph Rühl von hier.
21) Johannes Senge aus Freienhagen.
22) Hermann Seering aus Dollgsen.
23) Christoph Schollmeyer von hier.
24) Hans Storm aus Husum.
25) Ernst Storm aus Husum.
26) Heinr. Weidemann aus Lengenfeld.
27) Hermann von Wehren von hier.
28) Oskar von Westernhagen von hier.
29) Konrad Wiegel aus Weberstedt.
30) Hans von Wussow aus Berlin.

Zusammen 219 Schüler.

7. Öffentliche Prüfung.

Prima.

Mittwoch, den 3. October 8—9¼ Uhr.

1) Religion, Herr Oberlehrer Burchard.
2) Latein, Director Kramarczik.
3) Geschichte, Herr Oberlehrer Dr. Gaßmann.

Secunda.

9½—11 Uhr.

1) Latein, Herr Gymnasiallehrer Peters.
2) Griechisch, Herr Oberlehrer Burchard.
3) Mathematik, Herr Gymnasiallehrer Behlau.

Tertia.

Nachmittags 2—4 Uhr.

1) Religion, Herr Oberlehrer Burchard.
1) Latein, Herr Oberlehrer Dr. Gaßmann.
3) Geschichte, Herr G.-Lehrer Schneiderwirth.

Quarta.

Donnerstag, den 4. October 8—9 Uhr.

1) Latein, Herr G.-Lehrer Schneiderwirth.
2) Rechnen, Herr Gymnasiallehrer Behlau.

Quinta.

9—10 Uhr.

1) Religion, Herr Sch.-Candidat Grothof.
2) Latein, Herr Oberlehrer Waldmann.

Sexta.

10—11 Uhr.

1) Latein, Herr Sch.-Candidat Grothof.
2) Rechnen, Herr Gymnasiallehrer Behlau.

Bei der Prüfung werden die unter Aufsicht der Lehrer von den Schülern gefertigten Probearbeiten zur Ansicht aufgelegt und beim Wechsel der Prüfungsgegenstände werden je zwei Schüler jeder Klasse von Secunda ab declamiren.

8. Schlußfeier.

Freitag, den 5. October um 8 Uhr feierliches Hochamt, Predigt und Te Deum.

Nachmittags 3 Uhr.

Chöre aus Schillers Glocke, von Romberg.
Lateinische Rede des Abiturienten Emil König.
Deutsche Abschiedsrede des Abiturienten Wilhelm Leineweber.
Abschiedslied der Abiturienten.
Erwiederungsrede des Primaners Karl Brodmann.
Abschiedslied der Zurückbleibenden.
Austheilung der Prämien und Entlassung der Abiturienten durch den Direktor.
Hymne: Großer Gott, wir loben dich.

Sonnabend, den 6. Oct. um 7 Uhr werden die Versetzungen bekannt gemacht und die Zeugnisse ausgetheilt. Das neue Schuljahr wird Dienstag den 23. Oct. mit feierlichem Gottesdienste um 8 Uhr eröffnet. Zur Anmeldung neu aufzunehmender Schüler werde ich Mittwoch den 10. Oct. und Samstag den 20. Oct. bereit sein. Dieselben haben Tauf- und Impfscheine, sowie Schulzeugnisse beizubringen.

www.ingramcontent.com/pod-product-compliance
Lightning Source LLC
Chambersburg PA
CBHW021551270326
41930CB00008B/1459